AF316540

UNE
PAGE D'HISTOIRE

PAR

GARNIER-PAGÈS

PARIS

ALPHONSE LEMERRE, LIBRAIRE

31, PASSAGE CHOISEUL, 31

—

1875

UNE

PAGE D'HISTOIRE

I

Mon cher ami,

Vous me dites que plusieurs représentants de la *Seine* au Conseil municipal, au Conseil général, à l'Assemblée nationale, ont bien voulu songer à me porter sur la liste des candidats au Sénat.

Dans la lutte suprême qui se prépare, je sens qu'il me serait impossible de ne pas apporter les derniers efforts d'une vie entièrement consacrée à la défense des droits de la nation et à la fondation de la République.

J'accepterai donc cette haute mission, si elle m'est confiée, tout en disant loyalement mes pré-

férenccs pour une élection, par le suffrage direct, à
la Chambre des députés qui a l'initiative des lois
de finances, et pour une assemblée unique avec un
président du Conseil, chef du Pouvoir exécutif.

Mais, il ne s'agit plus de discuter; la Constitution républicaine, résultat de sacrifices pénibles,
est faite. Il faut, résolûment, chercher à la faire
vivre, en s'efforçant de l'améliorer, de la déve-
lopper.

II

Cette Constitution, ne nous le dissimulons pas,
a rendu le mandat plus difficile, plus laborieux à
remplir dans le Sénat que dans la Chambre des
députés, par ces deux raisons indiscutables :

La majorité, par suite du nombre restreint des
membres du Sénat, sera vacillante, incertaine, sui-
vant le vote variable et intéressé des partis et des
individualités.

Le Sénat étant immuable pendant trois années,
rien ne pourra le modifier, s'il devient obstacle.

La Constitution a proclamé la responsabilité
du Président de la République, et son droit
de dissoudre la Chambre des députés d'accord
avec le Sénat, sauf appel à la nation, en cas de

conflit; mais elle n'a pas prévu le cas où le conflit s'élèverait entre le Sénat irresponsable et le Président d'accord avec la Chambre des députés.

Il eût fallu, pour la bonne harmonie des pouvoirs, que la Constitution prononçât la dissolution simultanée des deux Chambres, afin que la situation, entièrement dégagée, fût soumise à la décision absolue de la nation souveraine.

Mais cela n'est pas.

Il peut donc advenir que les représentants des anciens partis, chaque parti étant isolément en minorité, forment, en se coalisant, une majorité qui soit une entrave insurmontable au gouvernement de la République, et provoque des troubles quand la paix et l'ordre devraient, seuls, régner.

Là est le péril; là est le vrai péril!

Que la France, dans sa profonde sagesse et sa haute puissance, prévoie cette situation possible, et qu'elle ait la conviction que, pour son repos et sa prospérité, elle doit confier le mandat de sénateur à des hommes honorables, notoirement dévoués ou sincèrement ralliés à la République!

III

Les chefs des anciens partis ont toujours eu, malheureusement, cette croyance fatale que, pour gouverner, il faut une politique de compression et de combat. Ils voient la force où il n'y a que la faiblesse et l'obstination. Ils accusent la nation des révolutions successives, et ils se refusent à reconnaître que c'est leur résistance implacable à tout progrès, à toute concession qui a toujours soulevé ces révolutions.

Sans remonter aux causes qui ont fait éclater la grande et glorieuse Révolution de 1789, qui a illuminé et régénéré la société en Europe, je citerai immédiatement la Révolution de 1830.

Je poserai nettement cette question : Qui l'a provoquée ?

Est-ce le roi ? est-ce la nation ?

Entre la politique de conciliation pratiquée par Martignac et la politique de combat représentée par Polignac, Charles X a préféré Polignac, malgré tous les conseils de la prudence, et il a voulu changer la Charte par un coup d'État ; alors la nation s'est levée pour défendre la loi et le droit.

Des hommes énergiques de toutes conditions, de tous métiers, de tout âge, ont résisté, ont lutté pendant trois jours et trois nuits. Dans tous les arrondissements de Paris, des Comités de défense se sont organisés. Le troisième jour, des habitants, réunis rue Sainte-Avoye, ont pris l'initiative d'improviser, pour le salut du pays, un gouvernement provisoire, et sont allés, en députation, chez Lafitte, chercher Lafayette, qu'ils ont installé à l'Hôtel de Ville, depuis le matin en leur pouvoir. Mon frère et moi nous étions de ceux-là !

IV

Louis-Philippe accepta la couronne, mais avec le suffrage restreint, et voulut bientôt réagir contre son origine. Les oppositions libérales dynastiques et républicaines réclamèrent vainement, pendant longues années, un progrès limité. M. Guizot, un jour, s'obstinant dans la résistance et parlant, avec un dédain affecté, du suffrage universel, un député lui cria : « Malgré vos mépris anticipés, le suffrage universel aura son jour. » J'étais celui-là.

Devant un refus absolu de toute amélioration, les oppositions, de commun accord, entreprirent une agitation légale, pacifique, pour obtenir une réforme. Il leur fut répondu : rien ! rien ! rien !

Louis-Philippe, malgré les supplications de ses amis intimes, de quelques-uns des siens, de ses maréchaux les plus dévoués, malgré les avis du préfet de la Seine et des députés même les plus opposés, ne voulut rien céder et persista jusqu'au dernier jour. Alors, que se passa-t-il ?

La Révolution éclata comme une surprise.

Qui l'avait provoquée ? Le roi, ou le peuple ?

Le peuple, dit M. de Falloux, fut, dans sa victoire, héroïque et généreux.

La monarchie s'était écroulée, Louis-Philippe avait abdiqué et avait pris la route de l'exil.

Un gouvernement provisoire fut acclamé.

Que firent aussitôt les membres de ce gouvernement, élevé sur des débris, en plein ouragan, en pleine anarchie, sans autre force que la force morale ?

Interprètes éclairés des sentiments sublimes de la nation, leurs premiers actes furent la proclamation de la République, l'abolition de la peine de mort en matière politique, de l'esclavage dans nos colonies, du serment politique, des titres de noblesse.

Ils décrétèrent le suffrage universel comme base de la souveraineté du peuple.

Ils proclamèrent toutes les libertés, instituèrent

tous les droits, firent appel à l'union, à la concorde, à la fraternité.

Les finances trouvant le trésor public surchargé d'une dette flottante de plus d'un milliard, la France menacée du déshonneur d'une banqueroute imminente, ils sauvèrent la Banque en déclarant ses billets monnaie légale, créèrent les comptoirs d'escompte, les magasins généraux ou warants, l'unité de la Banque de France, liquidèrent toutes les dettes de la monarchie, parèrent à toutes les dépenses ordinaires et extraordinaires, ne reculèrent pas devant l'impopularité d'un impôt, pour une seule année, de 45 centimes sur les quatre contributions directes, exemptant les malaisés, et abolissant en compensation l'impôt sur le sel, pour payer les rentiers, secourir les travailleurs dans leur détresse, réorganiser l'armée, aider le commerce et l'industrie, équilibrer le budget.

Par ces sages mesures, fertiles et vitales, ils consolidèrent le crédit de la République et de la Banque de France, de telle sorte que plus tard, au jour du péril et de la délivrance, sur l'appel de l'illustre président de la République, la Nation et le monde entier répondirent par une souscription de quarante-trois milliards.

Et, leur œuvre accomplie, les membres du gouvernement provisoire de 1848, si acclamés, si entourés d'abord, depuis si calomniés, remirent leur pouvoir à l'Assemblée nationale, qui, le premier jour de sa réunion, acclama dix-sept fois la République, et se retirèrent, sans avoir brisé aucun droit, sans aucune proscription, sans aucun regret, le front haut, les mains pures et la conscience satisfaite du devoir accompli. J'étais de ceux-là.

V

Après le crime du coup d'État du 2 décembre par Louis-Napoléon Bonaparte, qui avait violé son serment et la Constitution, après de longues années d'oppression, quelques républicains se réunirent en 1857, puis parcoururent la France pour réveiller l'opinion publique engourdie. En 1863, au nombre de treize, ils organisèrent un comité électoral, faisant appel à Paris et aux départements. Leurs efforts furent couronnés de succès. Des députés libéraux, républicains, furent élus. Le gouvernement impérial, pour se venger et entraver leur action, intenta, contre les membres de ce comité, un procès, où furent entendus les plus illustres orateurs du barreau, imagina des arguments pour prouver que treize équivalait à plus de vingt, et les fît condamner. J'étais de ceux-là.

Les députés libéraux et républicains soutinrent, de 1863 à 1870, une lutte vigoureuse. L'empire, ébranlé par la funeste entreprise du Mexique et par ses propres excès, eut recours à tous les moyens publics et de police occulte pour se maintenir. Malgré le plébiscite obtenu en promettant la paix, il voulut affermir la dynastie par une guerre qui lui donnerait l'auréole de la victoire et de la conquête.

Et, malgré les sages avis de l'opposition qui démontrait que les puissances d'Allemagne, en rivalité entre elles, seraient aussitôt réunies par la guerre dans les mains de la Prusse, le gouvernement, affirmant hautement que tout était prêt, déclara cette guerre fatale.

Les députés de l'opposition redoublèrent d'efforts pour détourner le péril qui menaçait la France, et pour éclairer une Assemblée et un gouvernement aveugles et passionnés. J'étais de ceux-là.

Et, lorsque l'empereur fut vaincu, nos armées détruites, le drapeau blanc de Sedan élevé comme une honte,

Est-ce encore la nation qui fut téméraire et coupable ? Non! non!

Est-ce l'armée, dont le courage ne s'éleva jamais plus haut? Non! non!

Là, encore, n'est-ce pas l'empereur qui a détruit l'empire et provoqué la Révolution?

Pendant l'agonie de l'empire, les députés de Paris avaient vainement supplié les députés de la majorité, jusqu'à la dernière heure, de prendre la direction de l'État d'une main vigoureuse; et lorsque le maréchal comte de Palikao eut réclamé pour lui la lieutenance générale; lorsque le Corps législatif eut, dans la séance de la salle à manger de la Présidence, prononcé la vacance du pouvoir; lorsque la France désarmée était livrée à l'invasion d'un million d'Allemands; lorsque les généraux, ne croyant pas la résistance de Paris possible pendant plus de huit jours, appelaient cette résistance une héroïque folie; ces députés de Paris coururent au péril, organisèrent à l'Hôtel de Ville un gouvernement de défense nationale, ne désespérèrent pas dans une position désespérée, firent appel à tous les dévouements. Et, la France entière se levant avec une énergie sublime, s'ils n'ont pu la soustraire à une défaite inévitable, ils ont, du moins, sauvé son honneur en prolongeant la défense pendant cinq mois et jusqu'à l'épuisement des dernières ressources. J'étais de ceux-là.

VI

Voilà les faits !

Au moment où le peuple français va prononcer sur ses destinées, il doit connaître la vérité.

Oui ! ce sont les gouvernements qui, par leur résistance implacable aux vœux de la nation, ont provoqué les trois Révolutions de 1830, 1848 et 1870. La nation ne les a faites que pour son salut suprême, pour reprendre possession de sa souveraineté.

Les concessions tardives de Charles X et de Louis-Philippe, les regrets tardifs exprimés par Napoléon Bonaparte en sont les preuves irrécusables.

Des débris de ces trois gouvernements, survivent des chefs de partis, voulant faire retomber sur le peuple la responsabilité des fautes de leurs princes ; persistant, malgré leurs chutes, dans la même politique de combat, séparés les uns des autres par des abîmes, prêts à se déchirer, à se proscrire, à s'exiler, réduits par leur rivalité à l'impuissance de gouverner, et s'annihilant heureusement, car le triomphe de l'un de ces partis serait la défaite des autres, et livrerait la France à la guerre civile et à des révolutions nouvelles.

La République seule peut offrir aux hommes de bonne foi de toutes les opinions un refuge, et assurer à la France le repos, l'ordre, la liberté, le travail, la prospérité, l'union.

Par un concours inouï de circonstances, mon nom se trouve attaché à l'histoire de ces trois actes solennels de la souveraineté du peuple : 1830, 1848, 1870. Si les électeurs pensent que faire sortir du scrutin le vote de ce nom pour en être une affirmation, s'ils croient que ma vieille expérience et mon inaltérable dévouement à la République peuvent encore être utiles, je suis prêt. Mais s'ils ont le sentiment que d'autres peuvent défendre la République avec plus d'éclat, je ne verrai pas dans cette décision la négation de services rendus, mais l'idée que d'autres peuvent en rendre de plus grands.

Car, il n'y a pas de doute, pour triompher des derniers obstacles, il faut des hommes de lutte et de courage, disposés à tous les sacrifices, qui sauront allier la fermeté à la modération, l'énergie à la prudence, l'esprit du progrès et d'initiative à l'esprit de conservation et de conciliation, afin d'assurer à la France de longues années de repos et de bonheur avec la République et par la République. Eh bien, si les électeurs le désirent, je serai de ceux-là.

VII

Telle est, mon très-cher, ma réponse, consciencieusement tracée, que je m'empresse de vous adresser, car je ne voudrais point prendre la responsabilité d'une abstention au moment où chacun se doit au salut de tous.

J'ai dit ce que j'avais à dire.

Dans la situation que les événements m'ont faite, je crois digne des électeurs et de moi d'attendre leur décision dans ma retraite.

Paris. — Imprimerie de J. Claye, rue Saint-Benoît. — (2257)